별빛 탄생
허만하 시집

문학동네시인선 239 허만하
별빛 탄생

시인의 말

시는 한계 너머를 인식한다.

2025년 7월
허만하

차례

시인의 말   005

1부 세계 이전의 형상

최후의 풍경처럼 펄럭이며   012
황홀한 소용돌이   013
눈빛은 원시적으로 말한다   014
기억과 망각의 경계에서   015
그의 위치   016
사람 인(人) 자처럼, 나는   017
은백색 늑대 한 마리 달리고 있다   018
듣고 싶다 눈 내리는 소리   019
폭설의 눈송이 틈새   020
초벌구이 얼굴   022
교차로 얼굴   023
두 손으로 얼굴 가리듯   024
꽃가게에서   025
황지 버스정류소   026
역사 이전을 향하여, 나는 눈물자국처럼   028
지층   029

2부 오직 높고 넓은 파란 하늘

바람의 둥지   032
바람의 이유   034
시간의 발자국   035
물그늘과 눈동자 깊이   036
불의 계절 이야기—2019년 8월 18일 오후 2시   038
30분, 김해공항
석탄의 의지   040
캄캄한 액체   041
역사   042
해안선은 한 걸음 더 멀리   043
연기를 보다   044
올리브그린 저항   045
최후의 한 사람, 야생의 바다로   046
물결은 정직하다   047
물그늘   048
풍경 눈빛   049
밤의 이유   050
새 한 마리 눈발 속을   051

3부 나타남과 사라짐 사이

극한의 고독, 그리고 시가 태어나는 자리	054
아름다움은 위험하다	055
굳은살 발바닥	056
비닐의 융통성	057
나무의 얼굴	058
카본데일 소재 현옥이 무덤 생각하며	059
버지니아 울프의 우즈강 노트	060
길에서 우연히 얻은 메모 셋	062
장성의 가을	064
시외버스 정류소	065
나는 가벼워지고 싶었다	066
표류물	067
정오의 바다에서	068
야성의 영광	069
이서의 새	070
교감	072
섬의 역사	073
최후의 바다	074
물의 종착지	075
별빛 탄생	076

해설 | 시를 통해 가닿는 존재의 기원과 궁극   077
    | 유성호(문학평론가)

1부
세계 이전의 형상

최후의 풍경처럼 펄럭이며

바람은 미래 쪽에서 불어왔다. 나는 바람의 방향과 푸른 하늘 구름의 생태, 그리고 부신 햇빛의 입사 각도를 기억하려 하지 않았다. 그러면서, 지구에서 인류가 사라진 뒤의 순결한 풍경에 대한 집요한 사랑을 안고 살았다.

그동안의 내 언어는 폐허처럼 잠들어 있는 먼 도시 하늘에서 눈송이처럼 흩날렸고,

나는 지금 눈부신 은백색 몽블랑 산정에 서 있다. 격렬한 꿈을 앓는 내 원근법 끝에 떠오른 최후의 풍경처럼. 이따금 펄럭이며 서 있다. 내 순례의 끝자리, 지상에서 보이지 않는 이 지점에 빙벽처럼 서 있다.

견고한 땅을 발바닥으로 나무뿌리처럼 붙들고 천사도 날개를 펼치지 못하는 격렬한 바람의 한가운데서 불타오르기 직전 언어의 정열을 한발 앞서, 펄럭이며 서 있다. 나의 직립은 지금, 거의 극한을 견디고 있다.

황홀한 소용돌이

  시의 한계란 언어와 논리의 극한까지 밀고 들어 벙어리 소녀의 눈빛 깊이를 만나는 일이다. 그 깊이를 만나는 일은 캄캄한 침묵의 윤곽으로 나타나는 존재의 사건 지평선을 탐지하고 그 지평의 싱싱한 현전을 정면으로 넘어서는 일이다. 나를 사방에서 심문하는 존재의 심연에 빨려들어 느닷없이 생겨나는 소용돌이의 한 부분이 되는 일이다.

  태풍의 눈을 닮은 이 신선한 소용돌이 중심에서는, 하향 수직 운동에 휩쓸려 논리가 탈구되고, 반전하고, 언어가 논리에서 떨어져, 가을 나무 잎사귀처럼 우주공간 수평면에 떠오르는 거대한 동심원 운동의 속도가 된다.

  임의의 반경을 가진 그 소용돌이는 어지러움이 아닌 황홀이다. 시의 한계는 새로운 소용돌이 눈동자 깊이에 수직으로 침몰하는 황홀이다.

눈빛은 원시적으로 말한다

꺼지기 직전의 촛불이 최후의 큰 흔들림으로 말하듯, 쌓인 애처로움은 여름 아침 풀잎을 구르는 이슬처럼 순결한 반짝임으로 말한다.

눈은 아득히 펼쳐지는 시야의 한계에서 쓰러지는 것이 아니다. 눈은 눈시울 뜨거움을 앞세운 느낌의 극한을 무고한 이슬을 빌려 말한다. 겨울 밤하늘 얼어붙는 별빛처럼 소리없이 말한다. 눈은 고개를 기울인 꽃처럼 원시적이고 건강한 표정으로 말한다.

손을 흔들며, 흔들며 치열하게 쏟아지는 눈발 속으로 사라지는 최후의 모습을 보기보다 먼저 느끼는 눈. 따지기보다 직접 느끼는 눈.

애처로움은 우주의 원소다. 멘델레예프가 잊어버린 원소. 하늘과 땅 사이에 서려 있는 원소.

가뭄에 목마른 하늘을 쥐어짠 높이에서 잊지 못할 흙의 향기를 찾아 선선히 몸을 던지는 최초의 빗방울처럼 그리운 뺨의 벼랑을 찾아, 수정체 그늘에 고이는 아슬아슬한 물의 수위, 바람을 만난 물그늘처럼 가늘게 떠는 어깨. 검고 해맑은 어둠의 궁륭에서 잊힌 애처로움처럼 반짝이는 축축한 별빛.

기억과 망각의 경계에서

나는 혼자가 아니다. 기억과 함께 그곳에 있다. 나는 생각해내고 그는 잊는다. 나는 깊이에서 생각해내고 그는 표면에서 잊는다. 우리들은 그들 이름밖에 모른다. 이름을 가짐으로 비로소 있는 것이 되어 가까이 다가서는 나의 바깥.

그들은 그들 실체가 그들 이름인 것을 모를 것 같다. 그들은 아직 이름 이전의 신선함 그것이기 때문에. 다들 어디 가버렸나. 낯익은 이름들 느닷없이 보이지 않는다. 나타나는 일이 그대로 사라지는 일이 되는, 도착하는 일이 바로 떠나는 일이 되는. 팽팽한 한겨울 언저리. 상투적으로 내리는 자욱한 눈발 속에서 나는 어디서 본 듯한 석탄기의 위험한 짐승이다. 안과 바깥의 경계 위에 서 있는 낯선 이름이다.

그의 위치

　타인이 아니고, 타인이 아닌 것도 아니고, 그렇다고 내가 아니고 내가 아닌 것도 아닌 누구였던 그는. 손가락 틈새를 흘러내리는 잔모래 촉감처럼, 잎 진 겨울나무 숲 실가지 틈새를 비집는 바람소리처럼 아슬아슬하게 논리의 틈새에 있다. 점점 가늘어지는 길을 빨아들이는 산협처럼 비좁은 틈새에 두 팔 치켜들고 서 있다.

사람 인(人) 자처럼, 나는

내가 당신 비슷했던가.

당신이 나 비슷했던가.

우리들은 마주보며

잠시

벼랑처럼

함께 서 있지 않았던가.

눈송이 흩날리는 바람 안에서

서로 낯선 두 사람.

은백색 늑대 한 마리 달리고 있다

　은백색 설원을 가로지르는 최단거리를 은백색 늑대 한 마리가 달리는 것을 보았다. 빳빳한 은빛 털에는 반짝이는 눈송이가 묻어 있었다.

　조금은 부신 내 의식의 설원을 그날의 늑대가 절박한 바람이 되어 일직선으로 달리는 것이 보인다. 엄동설한 한가운데 굽이에서 깨끗한 하늘은 더 넓고, 늑대 한 마리, 모처럼 상쾌한 아침을 달리고 있다.

　이유는 보이지 않는 대로, 오직 달리기 위하여 달리는 순수한 자동사 자체가 되기 위해 달리고 있다. 늑대 한 마리. 바람에 일어서는 자욱한 가루눈 속으로 사라지는 지평선 너머까지 필사적으로 달리고 있다. 자욱함의 일부가 되어 사라지면서 멀리 달리고 있다.

듣고 싶다 눈 내리는 소리

눈의 역사는
포근하고도 차가운
눈의 이율배반을 바꾸지 못했다.

나는 아직 눈 내리는 소리를 듣지 못했다.

지구에 인간이 태어나기 이전의
눈부신 강설

아득하고도 환하게

듣고 싶다.

만져보고 싶다.

폭설의 눈송이 틈새

1
점은 장소만 있고 부피가 없다.
부피가 없는 점과 점 사이의 틈새, 가린 것 하나 없는 알몸 피부와 피부의 밀착처럼 비좁을까.

언어와 그 의미의 바람 부는 틈새, 모처럼 시간적이다.
그 틈새는 집으로 돌아가는 시골길 저무는 쓸쓸함과 흙과 지내는 농부의 가혹한 노동의 흔적을 밟던 고흐의 견고한 구두를 기억한다.

발등 부위에 벌어진 오딧빛 큰 틈새는 원시적 감각이 자신의 현실을 찾아 들어가는 통로다.

잊지 못할 생레미 별이 빛나던 밤하늘 휩쓸고 다시 휩쓸던 검푸른 절망의 소용돌이 역시 이 통로를 거친 풍경 아니던가.

점과 점 사이 거의 없는 틈새를 파고드는 바람의 치밀, 눈에 보이지 않는다.
실리콘 반도체 은백색 결정의 핵과 바깥을 돌고 있는 전자 사이 틈새, 폭설의 눈송이 틈새처럼 아슬아슬하다.

2

싱그런 초여름, 선홍색 꽃이 일제히 피는 석류 과수원 언덕에서 점의 탄생을 말하던 피타고라스가 문득 바라본 이오니아 바다 산뜻한 물빛.

그때부터 바람은 보이지 않을 만큼 희박한 싱그런 물빛이다.

서서히 저무는 산그늘 서쪽에서 푸른 하늘이 주홍색으로 물드는 때, 머리 위 아득히, 십만 광년의 은하성운이, 중심에 블랙홀 황금빛 소용돌이 끌어안은 채 초속 이백 킬로미터 속도로 내일을 소용돌이치고 있는 오늘.

시간의 틈새 느끼지 못한 채, 격렬하게 꽃이 시들고, 억류된 인류가 만나는 눈부시게 자욱한 야생의 눈사태.

틈새는 실체에서 한정 없이 멀어지고 있는 공간이 아닌, 돌처럼 충직한 즉자다.

초벌구이 얼굴

 배고픔과 아슬아슬한 배부름 못미처에 낮과 밤처럼 다져진 인간. 숭고하지도 추하지도 않은 울퉁불퉁한 인간의 얼굴은 역사의 가마에서 장신과 함께 초벌구이처럼 조형된 것이다.

교차로 얼굴

그는 내가 아닌 누군가의 얼굴이었다. 얼굴은 누군가의 형상이 아니라, 누군가의 역사의 발자국이다. 인생에서 가장 아름다운 것이 가장 어려운 것과 함께 깃들어 있는 사람의 얼굴.

조금은 지친 연말의 횡단보도에서 돌아오는 메아리처럼 내 쪽으로 건너오던, 생면부지 낯선 얼굴들 출렁임, 얼굴은 기호인가 덤덤한 표정. 서로 돌아볼 사연이 없는 불 켜질 무렵.

── **두 손으로 얼굴 가리듯**

── 호각소리가 울리자, 그 선수는 코트에 주저앉아 두 손바닥으로 얼굴을 가리고 흐느끼기 시작했다. 그 선수가 천사인 것을 천사는 안다.

여섯 개의 날개를 가진 세라핌은 두 개의 날개로 먼저 얼굴을 가리고, 다른 두 날개로 발을 가리고 나머지 두 날개로 하늘을 날지 않는가.

밤을 앞선 낮이 있었듯이, 내가 처음으로 세계를 보기 이전부터 이승에 있었던 소중한 얼굴.

꽃가게에서

 꽃가게 유리문에 비친 낯익은 융기와 함을 쳐다보는 나를 쳐다보는 얼굴의 지겨움. 어쩐지 부끄럽다. 얼굴은 부끄럽다. 나의 실체는 벌써 표면을 벗어나, 내부에 들어서 있었다. 때는 어스름, 아름다운 정신은 꽃처럼 얼굴을 가지지 않는다.

황지 버스정류소

느닷없이 내가 여기 서 있다.

내가 서 있는 이곳이 나한테서

가장 먼

낯선 지점

아무도 마중나오지 않는 대로

백 년이 벌써 지나는

어디서 본 듯한

은목서 한 그루

저만치

어디서 본 듯한.

내가

막차 기다리듯

서 있다.

역사 이전을 향하여, 나는 눈물자국처럼

— 나는 격렬하게 울었다. 나는 마른 눈물자국처럼 발바닥 기억으로 걸었다. 시간 이전의 시원을 향하여 가장 먼 곳보다 더 멀리 걸었다. 머리칼은 미래로부터 불어오는 바람을 맹수처럼 아는 체하지만, 나의 피부는 초속 삼십 킬로미터로 달리는 지구의 속도를 느끼지 못한다.

발걸음을 뗄 때마다 희박해지는 것은 공기가 아닌 관계다. 나를 세계에 묶어두는 끈끈한 문화였다. 나는 고대의 바다 수평선에 솟구쳐 서는 알타이 산줄기 바위였다. 나는 필사적으로 망각에 육박한다. 그때 분명히 들렸던 것은 발치 물결 터지는 소리가 아니라, 최후의 네안데르탈인이 지르는 고함소리였다. 필사적인 짐승소리 유혹이었다.

지층

 끊임없이 내리는 눈송이처럼 쌓이는 것은 흙이 아니라 순수한 시간이다. 얼음장 밑을 흐르는 물소리마저, 얼음 위에 쌓이는 눈송이처럼 얼어붙는 시간의 순수. 지구에 인간의 흔적이 각인되기 이전의 순수한 시간.

 쌓인 시간은 지층의 단면에서 평행선을 그리기도 하고, 유리가 깨어지듯 나뭇가지 모양으로 가늘게 금가기도 하고, 알몸 아랫도리처럼 휘어져 눈부신 곡선이 되기도 하는 선으로 드러난다. 느닷없는 지각변동에 따른 단층으로, 탄생의 시간이 다른 두 평면이 아래위로 어긋나며 미끄러져 새로운 그림을 다시 그려내기도 한다. 유황냄새 나는 선분으로 이루어진 이런 이미지는 세계에 속하는 것이 아니라 세계 이전의 형상이다.

 추억은 아름다운 것만은 아니다. 때로는 마그마를 뿜어내는 화산 폭발처럼 격렬하고 잔인하다. 사라진 시간이 지층의 횡단면에 남긴 층리를 바라보며, 얼른 손바닥을 갖다대어, 깜빡 물빛 향수에 잠겼다 깨어나는 것은 언어 이전 나의 뼈와 살이 최후의 한 마리 매머드가 남긴 노을 묻은 안타까운 마지막 울음소리와 함께 한때 목숨이 없는 무기질 지층의 한 부분이었기 때문이다.

2부
오직 높고 넓은 파란 하늘

바람의 둥지

나를 추월하고
나의 사후를 사는
바람.

모습이 없는 바람은
갈 곳을 향한 방향으로 있다.
바람은 다시,
이동과 속도로 있다.

하늘이 하늘을 바라보는 아득한 곳에 뜬 채
초속 오백 미터 속도로 회전하고 있는 지구의
준엄한 지형을 거침없이 추월하는 바람.

울창한 야생의 숲을 건널 때 바람은
살아 있는 땅의 정열을 하늘에서 느낀다.

날개가 있기 때문에 나는 것이 아니다
날기 때문에 날개가 있다.

새 한 마리.

노을과 어둠 사이

나타남과 사라짐 사이

정열과 기하학 사이

땅의 질서 초월한

하늘의 무한을 날고 있는

새 한 마리.

별빛 묻어 있는 싱싱한 날개

끊임없이 젓는 의젓하고도
치열한 의지로

둥지를 향한 최단거리
날기 위하여 날고 있다.

바람의 이유

우리가 보는 것은 언제나 바람이 지난 흔적이다.
모처럼 태어난 자신의 현전을
바람은 보이지 않는 모습으로 거부한다.

오직 비어 있는 썰렁함으로 바람은

견고한 사물을 앞지른다.

날개가 있기 때문에 나는 것이 아니다.
날기 때문에 난다.

태어남과 사라짐 사이
무한한 하늘을 날고 있는
새 한 마리

비어 있는 계절의 겨드랑에서
바람의 일부가 되어

기압의 비탈을 힘껏 횡단하고 있다.

시간의 발자국

시간의 소리는 눈 내리는 소리처럼 귀에 들리지 않지만, 산그늘 적설처럼 쌓인다.

시간은 흐르면서 나무의 결, 지층, 가슴속 상처처럼,

보이지 않는 곳에 자국을 남긴다.

물그늘과 눈동자 깊이

물빛 표면이 쌓이고 쌓여
만드는 군청색 깊이.

공간을 횡단한 햇빛도
밤하늘에서 불탄 별똥별 부스러기도
파고들지 못하는 캄캄한 깊이.

얼음장 밑을 흐르는 물소리마저
상고대 황홀한 산협에 쌓인
순백 적설처럼 얼어붙는

엄격한 겨울의 순수가
검푸른 물의 본질이다.

깊이는 마음 안에
물 부피 그대로 잠겨 있다.

아침 햇살 비치는 수면에
물그늘 첫 모습 자리잡을 때

생기를 되찾는 눈동자 반짝임.

오직 높고 넓은

파란 하늘

바라보는
바람 빛나는

만년설 봉우리.

거침없이 아득한 인식의 극한.

불의 계절 이야기
—2019년 8월 18일 오후 2시 30분, 김해공항

검푸른 바다가 끊임없이 구겨지며 구겨지며
흰 수건을 흔들듯
두 손 흔들며
흔들며 멀어져가던 너.

검푸른 진리의 바다에 몸 던지려

새로운 너 자신을 만나기 위하여

불타오르는 너 자신의 계절을 만들기 위하여

손 흔들며, 흔들며 조용히 멀어져가던 너.

남천동 언덕 위 적설처럼 쌓인 나날의 무게
객지에서 맞이할 꿈의 나날 배낭 가득히 메고

가늘게 떨며, 나무 잎사귀처럼 떨며
기다리고 있는 낯설고도 싱싱한 풍경 만나러

비가 되어 땅을 축이려 잠시 모습을 지우는 구름처럼
뒤에 남는 가슴의 그리운 소식이 되려

넓은 캠퍼스, 나무와 벽돌집 사이를 가로지르는 매클린톡

애비뉴의 한 부분이 되려

 한동안 현전을 지우는 너.

 뜨겁고도 해맑은 거리가 되는

 너.

석탄의 의지

햇빛 쪽으로 기울어지는 나무의 의지는 엄격한 겨울을 예감하는 땅바닥 표면에서 황갈색 가랑잎처럼 바스러지기도 하지만,

시간을 거슬러 멀리 양치류 잎사귀 화석처럼 자신의 모습에 집착하거나,

시간을 더 거슬러, 최초의 원시인이 밟는 땅바닥 깊이 묻혀, 햇빛을 거부하는 캄캄한 석탄의 의지가 되기도 한다. 활활 춤추는 누런 불길을 안으로 숨긴 나무의 검은 의지.

캄캄한 액체

 느긋한 바닷물 흐름 따라 온몸 흔들던 미역 다시마 군락 너울거림이 인류 탄생 이전 지구의 정열처럼, 시퍼런 바다 밑바닥, 창을 모르는 밀폐 공간에서 오직 삭고 썩고 있다.

 자제하듯 고요히 타오르는 서쪽 하늘 비치는 황금색 바다 밑바닥 화성암 지층 으깨며 사십오억 년 전 해류의 감촉을 잊지 못하는 지구 최후의 감성이 적황색 불꽃으로 사라질 캄캄한 액체가 되고 있다.

역사

부들부들 떨면서
혼자서 무너진 백 년 초가집

빈터로 살아남은 집터에
절로 태어난

한 그루 배롱나무 가지의 경사.

선연한 붉은 빛

오직 사라지기 위하여

시작과 끝이 보이지 않는

아득히.

그 아득함 안에서

다시는 겪어볼 수 없는

단 한 번이 역사다.

해안선은 한 걸음 더 멀리

　해안선은 자신을 밟던 인간들 발바닥 기억으로 멀리 혼자 걷고 있다. 끝이 보이지 않는 해안선. 사막 위에 쌓인 달빛을 밟는 고독한 낙타의 발소리처럼, 지친 인간의 시야를 깨끗이 벗어나려, 해안선은 한 걸음 더 멀리 걷고 있다.

연기를 보다

　자신을 지움으로써 존재하는 그 희박은 언제나 말없는 몸짓으로 궁극을 말한다. 뿌옇고도 매캐한 윤곽 없는 자욱함 안에서 나의 두 눈은 슬픔 없이 눈물을 글썽인다. 명을 다한 지상의 사물이 하늘에 스며들려는 마지막 몸짓 어슴푸레한 둘레처럼 숨죽인 듯 고요하다.

　주황색 황홀한 날름거림과 무너지는 재 사이에서 태어나는 회백색 엷고 진한 마지막 움직임은 어스름이 깃드는 하늘에서 어느덧 없어지기 직전이다. 가슴 밑바닥에서 모처럼 쓸쓸하게 저무는 존재의 본질이 아니라면 과연 무엇을 보는가.

올리브그린 저항

올리브그린을 칠한다. 싱싱한 풀잎 초록보다, 조금은 우울한 올리브그린을 칠한다. 구름이 떠난 빈자리에 해맑은 계곡 물길 그려넣는다. 파란 하늘색 가로지르며 번뜩이는 은빛 물빛이 살아난다.

피라미들이 보인다. 수면에 떨어지는 버들잎을 닮은 엷은 모랫빛 피라미들 살아 있다. 반듯한 자세로 물길의 시작을 향하여 여린 지느러미 흔들고 있는 애처로운 목숨들.

보일 듯 말 듯 가늘게 떠는 것은 출렁이는 수면에서 부서지는 부신 햇빛이 아니라, 물길의 시작을 향하는 피라미의 여린 지느러미다. 둥지에 돌아가려, 정면에서 불어오는 바람을 찾아 끊임없이 날개 젓는 저물녘 새처럼, 피라미가 필사적으로 지느러미를 흔드는 것은

세찬 물살을 겨루는 균형이 아니라, 자기의 시원을 찾아 물길을 거슬러오르는 자신의 좌절에 대한 혼신의 저항이다.

최후의 한 사람, 야생의 바다로

설계도에 그려지는 순간부터 붕괴하기 시작하듯, 길의 시작은 끝의 시작이다.

지구라는 이름의 둥근 별에서 태어나는 그 순간부터, 인간은 시원에 돌아가는 길 위에 선다.

돌아가고 있다. 살아남은 마지막 인간이 혼자서 발바닥 기억으로 숨쉬듯 돌아가고 있다. 역사 이전의 자연으로.

바닷가를 걷는 유일한 그는 이윽고 지구에 인간이 태어나기 이전의 순결한 바다가 된다. 목격자 없는 야생의 바다.

물결은 정직하다

휘어지고
구겨지고
주름지고
부서지고
사라지고
살아나고
다시
구겨지고
틀어지고
부서지고

흐르는 물결에 비친
마을 스케치다.

물그늘

물 표면에서 태어나 가늘게 떨면서
자취 없이 사라지는 깨끗한 물그늘

먼 하늘 바람 낌새 더불어 벌써
물을 찾아드는 빛과
그 그늘.

풍경 눈빛

내가 세계를 보는 눈빛은 세계가 나를 보는 눈동자 반짝임이다. 당신이 '나'라 부르는 정체불명이 내가 포옹하는 따뜻한 남인 것처럼.

밤의 이유

밤은 별을 필요로 하지 않지만, 별 하나 눈물처럼 서리는 별빛을 머금고 있다.

새 한 마리 눈발 속을

폭설처럼 흰 꽃잎 지고 있다. 바람에 떠밀려, 하늘이 만드는 휘어진 길 따라 일제히 미끄러지는 꽃잎들.

새 한 마리 가지 끝에서 공기의 흐름을 관찰하고 있다. 깜박이는 노란 눈으로, 몸을 던질 하늘을 보고 있다. 바람에 갈색 몸무게를 실으려던 새의 무모처럼. 실체가 떠난 빈 기지가 보일락 말락 흔들린다. 비어 있는 하늘에 눈송이처럼 몸을 던지는 저마다의 무게들. 존재는 무게가 아니라, 가벼움이다.

지난 겨울 새 한 마리, 자욱한 눈발 속을 일직선으로 날았다. 이유는 아무도 모른다.

3부
나타남과 사라짐 사이

극한의 고독, 그리고 시가 태어나는 자리

  땅바닥을 굳건히 밟고 서서, 우연히 눈에 들어온 대상에 초점을 맞춘 채, 내면을 부는 바람에 정면으로 저항하는 일은 세계와 나 자신과의 순수한 일대일 관계를 확인하는 고독의 극한이다. 바로 시가 태어나는 현장이다.

  시가 태어나는 그곳은 남태평양 타히티섬 무명의 언덕이다. 아니다! 명동 후진 뒷골목 술집 한창 때의 금빛 소란 절정이다. 아니다! 얼어붙은 달빛 밟으며 돌아가는 길목에서 문득 나를 만나는 바람소리 그치던 그 순간이다.

아름다움은 위험하다

죽음을 깨달은 새가
둥지를 지으려 찾아드는

아름다운
바위 벼랑 높이.

굳은살 발바닥

처음으로 자신의 몸무게를 무릎과 발꿈치에 싣고 두 발바닥으로 땅을 밟고, 일어섰던 직립 인간, 발바닥 촉감. 그것은 풀잎 간지러움이 아닌, 밑에서 떠오르는 지구의 역동감이었다.

이것이 발바닥이다, 라고 말하기 이전에 내 발바닥은 벌써 그 뜻을 먼저 느끼고 들어올려지기를 기다린다. 잠들어 있던 태초의 첫걸음 경험이 깨어난 것이다.

비닐의 융통성

 쇳가루 속에서 인조화를 본 적 있는가. 꽃잎은 질서정연하고 그것을 흔드는 바람은 가벼웠다. 백열의 불꽃이 만들어낸 금속이 아니고 바위의 지질학적 기억이다. 뼈대가 없는 비닐의 교활한 융통성을 지적한 것은.

나무의 얼굴

1

그는 타인이 아니고 타인이 아닌 것도 아니고, 그렇다고 내가 아니고 내가 아닌 것도 아닌, 누구였던. 화개 장터에서 바람내처럼 스친 그 사람.

2

나무는 육체다. 몸 둥치와 팔과 다리, 허벅지는 드러나 있지만 얼굴이 없다. 얼굴이 없는 편안함으로 둘레와 자신의 나이와 터놓고 편하게 사귄다. 얼굴이 있음직한 자리에 모처럼 개인 한겨울 푸른 하늘 깨끗한 추위가 서려 있었다.

카본데일 소재 현옥이 무덤 생각하며

한겨울 풀 한 포기. 지워지지 않는 아픔.

시를 위해서는 언어의 성질을 극한까지 혹사하면 안 된다. 길들이지 않으면 안 된다, 세인트루이스 피혁공이 가죽 다루듯이.

언어의 단서에 빛을 불러모으던 옛 구리거울 목걸이처럼.

버지니아 울프의 우즈강 노트

발바닥이 밟는 자갈돌
오늘
내 호주머니에 가득하지.
손 흔들며 헤어지듯 밟는
모래알 크기는 여전히 세밀하지.
입술처럼 부드럽지.

입술을 먼저 적시고 목 조르듯
콧구멍 안까지 차오르는 물살

시간처럼 흐르는 물살
너 나 할 것 없이 흘렀지.
모든 것이 의식처럼 슬픔처럼
끊임없이 솟아났지, 흘렀지.
상투성이 지겨워
의식의 흐름 외치며 흘렀지.

출렁이는 물길 수면과 하늘빛이 하나가 된
이름 지을 수 없는 느낌의 습격

최후의 느낌을 첫 경험처럼
눈감고 그대로 받아들였지.
폭음하듯 들이마셨지.

마지막 호흡으로 저항한다.

숨쉬는 것은
습관이지, 동기는 없네.

넘기면 부드럽게 눕는
얇은 미농지 지질처럼 고운 하루,
끝내 버틸 수 없었네. 삶의 무게, 돌들 무게

떠오를 수 없었네, 떠오르는 것은 이미지
무수한 만남과 헤어짐의 이미지
사람들, 도시들, 사물들

나는 끝내
한동안의 의식이었네.
나타남과 사라짐 사이의 한동안

죽음에 사유를 조명한
역광에 떠오르는 대상의 번뜩임

소중했던 그동안
길지 못한 그동안.

길에서 우연히 얻은 메모 셋

인연
조금은 지친
초겨울
횡단보도에서

우연히 스친
생면부지 그 사람이

설핏 풍기고 간 비 냄새 같은.

역 쪽으로 뛰던 하이힐소리
과거는 사건처럼 갑자기 찾아온다.

흐릿한 가로등 불빛처럼
언젠가 여행길에서 얼핏 보았던

낯선 어디쯤 길가에서

아직
기다리고 있을지.

코트깃 세우고 상체 조금 내밀고 손 흔들던 그 여인

별빛 탄생

꽃잎동네시인선 239 휘민 시집 **별빛 탄생**

모든 존재는 대단하며 사라진 사이 공간 어딘가 별빛이 생성되고 있다

지난 겨울 새 한 마리, 자욱한 눈발 속을 일직선으로 날았다. 이후는 아무도 모른다.

우리들의 얼굴이 별의 내부였다 별이 될 수 있었다

바람은 미래 쪽에서 불어왔다

애처로운 우주의 원소

뿌연 안개 더불어
역 쪽으로 멀어져가던 영하의 하이힐 걸음소리 사라짐 같던

노르웨이의 해거름 어느 날.

골목
베란다 손잡이에 걸려 있는
세탁물처럼 수직으로 서지 못하는
우아한 나의 결의

침침한 뒷골목이 끝날 때, 나는 한 속삭임을 들었다.
나는 당신보다 오래 살아남을 것이다.

관철동 구겨진 뒷골목에서 들었던 속삭임
우연히 스친
생면부지 그 사람이

설핏 풍기고 간 비 냄새 같던.

장성의 가을

서걱이는 가을의 소리가 되려는 담 자락 옥수수 잎사귀의 늘어진 기다림. 한밤중 미닫이창을 여는 것은 탄가루 묻은 광부 손이 아닌, 부신 달빛이다. 투명의 극한에서, 달빛이 눈 내리는 밤처럼 하늘에서 얼어붙는 것을 비좁은 사택 뜰에 내려서서 본 적이 있다.

시외버스 정류소

사람들은 멀리 떠나고 싶어했다. 젊은이들이 떠난 마을은 옥수수처럼 조용히 늙어갔다. 행선지가 분명하지 않은 대로 젊은이들은 미래를 바라보며 마을을 떠났다.

가장 연장인 노인 한 사람이 마을을 떠나기로 마음먹었다. 전송하는 몇 안 되는 마을 사람들 맨 뒤에서 눈물 글썽이며 힘겹게 쭈그러진 손을 흔들던 노인이 바로 그였다.

어느 날, 그 노인은 버스 창가 자리에서 반쯤 일어선 엉거주춤한 자세로 차창에 손바닥을 대고 고개를 끄떡이는 자신을 향하여 열심히 손을 흔들고 있었다. 숨쉬는 허파처럼 열심히 손을 흔들고 있었다.

버스는 승객 없이 대합실 벽면 시간표대로 정확히 정류소를 떠났다.

나는 가벼워지고 싶었다

느닷없이. 나는
가벼워지고 싶었다.

가벼워진 잎사귀들은
무리 지어 광활한 가을의 품안에서 흩어지는 바람의 허전함이 된다.

황갈색 가랑잎들은 멋대로 썰렁한 하늘을 헤매는 것이 아니라, 하늘의 곡률대로 휘어지는 비탈면 따라 움직이는 정확한 기하학적 질서다.

멀리 하늘 끝 지긋이 노려보며, 나는 저물녘이 서서히 농도를 찾아, 내 몸안에 피처럼 번지는 것을 느끼며, 내 몸을 떠나 빈 하늘 마음 끝 헤치고 싶은 내 손바닥 한 장의 비어 있는 무게를 펼쳐본다.

어느덧 나의 실체는 두 팔 치켜들고 겨울 사상 중심에 서서 광물처럼 황량해지고 있는, 잎 진 한 그루 나무 회초리 끝 명석한 바람소리였다.

표류물

　표류물은 흔히 바다로 돌아가지 못한다. 침몰한 범선의 나무토막 하나 우유니사막에서 기다리고 있다. 삭은 시간의 엷은 잿빛을 머금고 바람의 성분이 스며들어 제자리에서 그대로 사라지는 길 위에 자리하고 있다. 풍화는 자기한테서도 잊힌 채 시간을 사귀며 견디는 일이다. 존재의 자유를 찾아, 짙푸른 물결 틈새를 알쿼오네 물새처럼 비집던 나무토막 하나 상투적인 불과 재의 길을 거부하고, 독자적인 잠적을 선택하여, 지금 소금의 사막 한가운데서 원래의 없었던 것으로 돌아가고 있다. 손 흔들며, 눈 떼지 않고 흔들며, 멀어져가는 세계에 대한 사랑을 고백이라도 하듯 노을의 역광이 되어 선선히 그늘의 윤곽 안에 묻히고 있다.

　모든 존재는
　나타남과 사라짐 사이 윤곽 안에서 팽팽한 현재를 견디고 있다.

정오의 바다에서

햇빛이 드러내는 것은 실체가 아닌 윤곽이다. 바다와 육지의 경계에서처럼, 나는 빛과 그늘의 경계에서 비존재가 된다. 물과 흙과 하늘의 경계에서 조용히 폭발하는 나. 나는 있으면서 없는 것으로 있다. 나는 이항대립 바깥이다.

한겨울 함박눈보다, 노골적으로 부신 햇빛은 끊임없이 일직선으로 지구를 찾아든다. 태양이 불꽃 머리칼 흔들기 때문이다.

세계의 그늘을 지우려 찾아든 햇빛은 어느덧 강렬한 새로운 그늘을 만들고 만다. 다시 세계의 실체가 윤곽이 되는 순간이다. 헤겔이 본 세계의 참된 모습이다.

야성의 영광

 두툼한 입술에 배어 있는 최후의 슬픔은 사라지지 않는다. 그의 뺨을 흘러내리는 눈물자국의 이유는 보이지 않는다. 분명히 들었던 것은 최후의 네안데르탈인이 외치는 눈사태 소리같이 멀고도 깨끗한 목소리였다. 동굴 바깥 알몸 숲을 흔드는 바람소리처럼 정다웠다.

 너는 힘이다. 입이 아닌 몸뚱어리로 말하라. 꾀를 반성하라. 거짓의 피부를 벗겨내고 선지피가 흐르는 살의 아픔을 말하라. 달려들어라. 나약은 너의 적이다. 내 몸 가장 깊은 심연에, 침묵으로 고여 있는 최후의 동굴인 목소리.

 위기 때마다, 그 침묵은 살벌한 원시의 광야를 건너는 최초의 바람처럼 빛나는 야생의 목소리처럼 오늘의 가슴에 불을 질러 다시 번쩍이는 은백색 목소리가 된다. 배고픔처럼 정직한 목소리. 언어 이전의 순결한 목소리.

이서의 새

1

청도 화양에서 살아남은 성벽을 본다. 읍성이라 불리는 단정한 돌담은 안과 밖이 아니라, 하늘과 땅을 가른다. 깊이가 바다 밑바닥으로 가라앉듯, 새 한 마리 푸른 하늘 높이로 솟아오른다.

이서(伊西)에서, 새는 노래하지 않고 운다. 하늘과 땅 사이 한 지점에서 날개 펼치고 운다. 하늘의 불멸에서 풀려난, 무수한 목숨들 잠들어 있는 그리운 흙에 묻히려, 혼자서 운다. 운다기보다, 새는 숲속에서 먼저 떠난 혼령들 이름을 부른다. 만남의 끝처럼 헤어지면서 혼신의 힘으로 이름을 부르고 있다.

2

시는 시의 본래성을 위하여 무제한 시간과 싸운다. '이서'라는 비운의 시니피에를 새들 기억에 남기고 깨끗이 사라진 나라가 있다. 기록은 신라 유리왕 2년, 먼 산 너머 노을이 유난히 아름다운 겨울 어느 하루라 기억한다.

3

달구벌 팔조령 물을 걸어 남으로 흐르는 물길처럼 부드럽게 휘어지는 화양 석축 성벽에서, 나는, 시간을 보고 말았다. 하늘을 벗어난, 땅의 시간이었다. 이서의 새는 구름의 품에 안겨 있었던지 보이지 않았다.

 산다는 것은 바람처럼 그냥 한번 스쳐지나는 일이다. 노래 부르는 일은 느낌의 절정을 광활한 이서 들녘처럼 견디는 일이다. 길가 풀이 가늘게 떨고 있다.

 이서에서 새 울음소리 들리지 않았다. 시간은 흐르기만 하고, 맑은 물길 밑바닥 차돌 추억처럼 사라지지 않는다.

 만남의 전율을 위하여 언제나 강물처럼 벌써 떠나버린 공간으로 있는 이서 길.

교감

반짝이는
이슬 한 방울
첫 햇살 기다려
풀잎 끝에서 떨어진다.

바로
그 순간

잠자리 한 마리
풀밭에서 반투명 여린 날개를 펼친다.
첫 경험이다.

바람에 인기척 묻어 있는
높이 벗어나

눈부신 하늘 높이뿐인 파란 곳에서
잠적하려

적외선처럼
사람이 감각하지 못하는 신호가
우주공간에 풋풋하게 살아 있다.

섬의 역사

힘껏 일어선 물결이 앞선 물결을 덮으며 쓰러지는 바닷가. 시간의 부스러기가 모래알처럼 쌓인 태초의 바닷가. 이 섬에는 시간이 없다.

사람이 만든 시간. 시간 이전 자연의 이끼 묻어 있는 돌담 방파제를 날개 펼친 갈매기들이 심심하게 찾아드는 섬의 달력에는 날짜가 없다. 다시 돌아오는 계절은 있지만, 역사는 다른 곳에서 이루어진다.

백열의 햇빛과 마루 밑의 삽살개 한 마리 하품을 하며 아장걸음으로 나타나는 것이 이 섬의 역사다.

검푸른 바다 한가운데 문득 솟아오른. 오직 현재만이 살아 있는 섬.

청어처럼 팔팔하게 살아 움직이는 현재와 마당에 늘어놓은 건어물처럼 굳은 과거의 경계를 본능처럼 느끼며 현재의 순결을 믿는 섬. 밤낮없는 흰 물결소리가 사나운 바람을 만들어내는 섬.

최후의 바다

최후의 인간이 지구에서 사라지는 그날, 바다는 터지는 햇빛 가루 반사하는 모래사장에 엎드려 어깨 들썩이며 혼자서 알몸 그대로 흐느낄 것이다. 접은 팔에 얼굴을 묻은 채, 멀리 휘어지는 해안선에서 부서지는 흰 물결소리처럼 한정 없이 혼자 사람이 없는 순결한 시간을 잠들 것이다. 지구에 사람이 태어나기 이전 야생의 시간을.

물의 종착지

 물에게는 낮은 쪽이 앞이다. 물의 감각은 오직 높낮이다. 물은 혼자서 또 집단으로 묻힐 곳을 찾는다. 물은 서로를 불러모아 충만한 부피이면서 때로 바닥을 들어내면서, 조금 더 낮은 수위를 찾아 먼 쪽으로 우회하면서 굽이를 만들기도 한다.

 강은 곡선을 사랑한다. 물이 사라지는 곳은 기존의 물이 새로 들어오는 물을 몸으로 끌어안는 바다 깊이다.

 바다 깊이에서 하늘 구름으로 머물다 다시 땅을 찾는 큰 동그라미를 물은 그린다. 사람이 보는 것은 언제나 물 행보의 한 단면이다. 물은 태양처럼 가만히 있지를 못한다. 물은 언제나 운동중이다. 시간처럼 정지할 줄 모른다.

별빛 탄생

한 그루 나무 실가지 흔들림 때문에 무성한 숲이 일렁이듯, 하늘 쳐다보는 아름다운 뺨의 비탈을 흘러내리는 한 방울 눈물의 반짝임에서, 영하의 겨울밤 가늘게 떠는 별빛이 태어난다.

해설

시를 통해 가닿는 존재의 기원과 궁극

유성호(문학평론가)

1. '한계 너머'를 꿈꾸는 극한의 사유와 언어

 허만하 시집 『별빛 탄생』은 인간과 우주의 존재 조건에 대한 내밀하고도 광활한 탐구를 담아낸 형상으로서 "시는 한계 너머를 인식"(「시인의 말」)한다는 시인의 미학관이 빛나는 언어적 집성(集成)이다. 두루 알려져 있듯이, 허만하는 독자적 방법과 공정을 통해 우리가 나날이 경험하는 일상의 문법과 평면적 물질성을 넘어서고 초월해가는 시인이다. 이러한 시인 특유의 시선과 언어는 존재 자체를 상상하는 흐름으로 이어지면서 뭇 생명의 존재론적 기원과 궁극을 동시에 탐색하는 쪽으로 번져가고 있다. 말할 것도 없이 그 미학적 근간은 원형적 시공간에 대한 형이상학적 관심에서 발원하여 우리 모두의 존재 방식에 대한 탐구 작업으로 끝없이 확장해간다. 그렇게 '한계 너머'를 꿈꾸는 극한의 사유와 언어 앞에서 우리는 서정적 위엄과 기율과 지향이 더욱 숭고한 흐름으로 출렁이는 것을 바라보게 된다. 허만하는 이러한 지향들을 정신적, 원형적 차원으로 묶어세우면서 오늘도 고독하고 오롯한 자신만의 길을 걸어가고 있다. 이제 그 세계 안으로 한 걸음씩 들어가보도록 하자.

2. 역사 이전 '최후의 풍경'을 그려낸 시적 모뉴먼트

허만하 시인은 근원적 삶의 표지(標識)들을 가장 개성적으로 구축해온 우리 시단의 독보적 존재이다. 그의 시는 우주의 오랜 시간을 들여다봄으로써 모든 존재자들의 존재 방식을 발견하며 나아가 언어가 어떻게 생성되고 역사를 이루어가는지 성찰하는 품을 일관되게 보여준다. 이러한 발견과 성찰의 연쇄는, 소멸해가는 것들이 뿜어내는 한시적 아우라가 아니라, 삶이 지속되는 한 끊임없이 나타날 수밖에 없는 실존적 조건으로 승화한다. 그가 공들여 궁구하는 존재의 기원과 궁극은 이러한 사유의 심도를 넓히면서 생성의 활력뿐만 아니라 소멸의 필연성까지 암시하는 세계를 견지하게 된다. 그의 시는 가장 원대한 시공간의 음영까지 그려내는 것이 자신의 몫임을 선명하게 말해주는 것으로 특장을 발휘하는데, 이때 허만하 고유의 입상(立像)은 존재론적 현기(眩氣)와 내면적 떨림을 환기하면서 초시대적인 잠언이자 미학으로 다가오게 된다. 다음 시편을 먼저 읽어보자.

바람은 미래 쪽에서 불어왔다. 나는 바람의 방향과 푸른 하늘 구름의 생태, 그리고 부신 햇빛의 입사 각도를 기억하려 하지 않았다. 그러면서, 지구에서 인류가 사라진 뒤의 순결한 풍경에 대한 집요한 사랑을 안고 살았다.

그동안의 내 언어는 폐허처럼 잠들어 있는 먼 도시 하늘에서 눈송이처럼 흩날렸고,

나는 지금 눈부신 은백색 몽블랑 산정에 서 있다. 격렬한 꿈을 앓는 내 원근법 끝에 떠오르는 최후의 풍경처럼. 이따금 펄럭이며 서 있다. 내 순례의 끝자리, 지상에서 보이지 않는 이 지점에 빙벽처럼 서 있다.

견고한 땅을 발바닥으로 나무뿌리처럼 붙들고 천사도 날개를 펼치지 못하는 격렬한 바람의 한가운데서 불타오르기 직전의 언어의 정열을 한발 앞서. 펄럭이며 서 있다. 나의 직립은 지금, 거의 극한을 견디고 있다.
—「최후의 풍경처럼 펄럭이며」 전문

미래 쪽에서 불어오는 바람, 푸른 하늘과 구름의 생태, 햇빛의 입사 각도를 훌쩍 넘어 "지구에서 인류가 사라진 뒤의 순결한 풍경"을 그리며 살아온 이가 있다. 그때까지 그의 언어는 "폐허처럼 잠들어 있는" 먼 도시 하늘을 흩날리는 눈송이 같았지만, 지금은 몽블랑 산정에서 "격렬한 꿈을 앓는" 원근법으로 "최후의 풍경"을 그리고 있다. 그렇게 한없이 이어진 "순례의 끝자리"는 지상에서 보이지 않는 빙벽 같은 극지로 옮겨간다. 그렇게 시인은 '사랑=언어=꿈=순례'라는 등식을 '최후의 풍경'으로 연결해간다. 그 "바람의

한가운데서 불타오르기 직전의 언어"가 오랜 극한을 견디며 최후의 풍경으로 확장되고 있지 않은가. 말할 것도 없이 이러한 펄럭임은 "지구에 인간이 태어나기 이전의/ 눈부신 강설"(「듣고 싶다 눈 내리는 소리」)을 담은 최초의 풍경이거나 "언제나 말 없는 몸짓으로 궁극을"(「연기를 보다」) 말하는 최후의 풍경이거나, 그 모든 것을 온몸으로 껴안은 시인 허만하를 은유하는 초상이기도 할 것이다.

    설계도에 그려지는 순간부터 붕괴하기 시작하듯, 길의 시작은 끝의 시작이다.

    지구라는 이름의 둥근 별에서 태어나는 그 순간부터, 인간은 시원에 돌아가는 길 위에 선다.

    돌아가고 있다. 살아남은 마지막 인간이 혼자서 발바닥 기억으로 숨쉬듯 돌아가고 있다. 역사 이전의 자연으로.

    바닷가를 걷는 유일한 그는 이윽고 지구에 인간이 태어나기 이전의 순결한 바다가 된다. 목격자 없는 야생의 바다.
    —「최후의 한 사람, 야생의 바다로」 전문

    이번에도 시인은 '최후'를 호명하고 있다. 이때의 최후가 시간적 마지막이 아니라 존재의 궁극을 말하는 것임에는 의

문의 여지가 없을 것이다. 언제나 "길의 시작은 끝의 시작"일 뿐이다. 지상에 태어난 순간, 모든 존재자들은 자신이 떠나온 '시원'으로 돌아가는 길 위에 설 수밖에 없기 때문이다. 그렇게 우리 모두는 "역사 이전의 자연으로" 돌아가고 있다. 목격자 하나 없는 야생의 바다에서 살아남은 '마지막 인간'이 "태어나기 이전의 순결한 바다"로 몸을 옮겨갈 때, 그 "최후의 한 사람"은 비로소 모든 인간의 제유적(提喩的) 분신이 된다. 결국 시원을 향한 끝없는 회귀 의지는 고스란히 삶과 동의어가 된다. "잊지 못할 흙의 향기를 찾아 선선히 몸을 던지는 최초의 빗방울처럼"(「눈빛은 원시적으로 말한다」) 그곳을 향하는 인간의 기억은 "시원을 찾아 물길을 거슬러오르는 자신의 좌절에 대한 혼신의 저항"(「올리브그린 저항」)을 수행하고 있는 것이다.

  물론 여기서 말하는 시원이 공간적 유토피아나 시간적 유년기를 비유적으로 함의하는 것은 결코 아니다. 그것은 우리의 감관(感官)으로 다가가거나 포착할 수 없는 어떤 신성한 것을 품은 궁극적 차원이기도 하고, 훼손되지 않은 정신적이고 영적인 지경(地境)을 은유한 형상이기도 하다. 허만하는 삶의 숨겨진 비의를 이처럼 "최후의 풍경" 혹은 "최후의 한 사람"에서 찾음으로써 자신이 경험해온 근원적이고 정신적인 고양의 한순간을 형상적으로 구현한다. 그것은 "밑에서 떠오르는 지구의 역동감"(「굳은살 발바닥」)으로, 존재를 갱신하는 활력으로 나타나기도 하고, 시인을 가장 궁극적인 "역사 이전의 자연으로" 귀환케 하는 에너지로 작동하기도 한다. 그야말로 역사 이전 최후의 풍경을 그려낸 시인의 시적 모뉴먼트가 우뚝하기만 하다. 우주가 내지르는 침묵과 고요를 채집하면서 근원적 존재의 보이지 않는 심연을 탐색해가는 미학적 거장의 시선과 필치가 웅혼하게 다가오는 순간이 아닐 수 없다.

3. 근원적 시간의 질서를 통해 치러가는 실존적 제의

　서정시에서 시간은 시인 자신이 겪어온 경험이나 사건에 대한 기억에 의해 새롭게 구축되고 표현된다. 우리가 결코 잊지 못할 일과 이미 잊힌 일을 삶의 흐름 속에 나란히 가지게 되는 것도 그러한 기억의 재조정 때문일 것이다. 이렇게 몸속에 새겨진 오랜 시간은 의식의 심층을 형성하면서 끊임없이 삶의 준거가 되어준다. 허만하는 오랫동안 삶에 새겨진 부재와 결핍의 기억을 수습하며 거기서 숯처럼 결정(結晶)된 시간을 집중적으로 발화해간다. 그러한 일관성과 집중성이 견고한 형상으로 전이되면서 그의 시는 시간의 흐름에 대한 경험과 기억의 형식으로 새롭게 쓰인다. 허만하의 시는 시간에 대한 남다른 인식과 그것을 재구성해가는 언어적 광채를 통해 새로움과 광활함을 동시에 성취한다. 그가 수행해가는 시간 탐구의 직능이야말로 다른 시인들이 범접

하기 힘든 독자적 음역(音域)이라 할 것이다.

    시간의 소리는 눈 내리는 소리처럼 귀에 들리지 않지만,
    산그늘 적설처럼 쌓인다.

    시간은 흐르면서 나무의 결, 지층, 가슴속 상처처럼,

    보이지 않는 곳에 자국을 남긴다.
                          —「시간의 발자국」 전문

  물론 "시간의 소리"는 귀에 들리지 않는다. 마치 눈 내리는 소리처럼 고요와 침묵으로만 "산그늘 적설처럼" 쌓여갈 뿐이다. 하지만 시간은 "나무의 결, 지층, 가슴속 상처처럼" 보이지 않는 곳에 발자국을 남김으로써 "사람이 감각하지 못하는 신호가/ 우주공간에 풋풋하게 살아"(「교감」) 있음을 증명한다. 우리는 시간이 남긴 그 발자국을 통해 시원으로 향하기도 하고 미래의 비전을 꿈꾸기도 한다. 그렇게 시간은 "절박한 바람이 되어 일직선으로"(「은백색 늑대 한 마리 달리고 있다」) 달리거나 "아직 이름 이전의 신선함 그것"(「기억과 망각의 경계에서」)으로 역주행하면서 '지금-여기'가 '그때-그곳'과 절연한 독립적 현재형이 아니라 모든 순간을 하나로 이어놓은 거대한 우주적 그물망의 한 부분임을 선명하게 알려준다.

햇빛 쪽으로 기울어지는 나무의 의지는 엄격한 겨울을 예감하는 땅바닥 표면에서 황갈색 가랑잎처럼 바스러지기도 하지만,

시간을 거슬러 멀리서 양치류 잎사귀 화석처럼 자신의 모습에 집착하거나,

시간을 더 거슬러, 최초의 원시인이 밟는 땅바닥 깊이 묻혀, 햇빛을 거부하는 캄캄한 석탄의 의지가 되기도 한다. 활활 춤추는 누런 불길을 안으로 숨긴 나무의 검은 의지.
―「석탄의 의지」 전문

보이지 않는 곳에 발자국을 새기는 시간은 석탄이라는 광물질에도 자신의 흔적을 남긴다. 이 시편은 나무가 석탄이 될 정도의 오랜 시간을 품고 있다. 햇빛 쪽으로 기울어지던 "나무의 의지"는 엄격하게 다가온 겨울 땅 표면에서 가랑잎처럼 바스러져간다. 그러나 시간을 거슬러보면 나무의 의지는 화석이 되어 자신의 모습에 집착하기도 하고 "최초의 원시인이 밟는 땅바닥 깊이 묻혀" 햇빛을 거부하는 "석탄의 의지"가 되기도 한다. 햇빛을 사모하다가 이제는 "활활 춤추는 누런 불길을 안으로 숨긴" 채 햇빛을 캄캄하게 거부하는 "나무의 검은 의지"야말로 우주론적 시간의 광대함과 다

면성을 잘 보여준다. 그러니 모든 존재자는 "자기한테서도 잊힌 채 시간을 사귀며 견디는"(「표류물」) 것이 아닌가. 우리 모두는 "태어남과 사라짐 사이/ 무한한 하늘을 날고 있는/ 새 한 마리"(「바람의 이유」)처럼 나무의 의지와 석탄의 의지 사이를 무심히 날고 있을 뿐이다.

이처럼 우리는 이 시집에서 허만하의 아득한 시간 탐구가 새로운 지속성을 얻으며 발화된 결실을 만난다. 그의 시는 삶의 숨겨진 뜻을 직관하면서 우리에게 세속의 시간(Chronos)을 넘어서는 신성한 시간(Kairos)을 경험하게 해준다. 이러한 시간 해석은 존재 개진의 활력으로 작용하기도 하고 시인 자신의 삶을 완성하려는 정신적 고양의 순간으로 나타나기도 한다. 그 과정이 시쓰기를 통해 이루어지는 것임을 달리 말해 무엇 하겠는가. 그래서 우리는 시간과의 적극적 교감 속에서 그것들과 거의 등량의 몫으로 자리잡아가는 시인의 일관된 꿈을 발견하게 된다. 그것은 시간이 고정된 실체가 아니라 끝없이 움직여가는 과정이라는 깨달음으로 우리를 데려간다. 이처럼 그의 시에서는 고유한 '시간성(Zeitlichkeit)' 안에서 존재자들이 무한하게 변형되며 문맥적으로 재구성되고 있다. 이때 허만하는 현재에 이르기까지 경험해온 근원적 시간의 질서를 통해 스스로를 완성해가는 실존적 제의(祭儀)를 아름답게 보여준다.

4. 생성적 세계 참여의 형식으로서 시의 존재론

그런가 하면 이번 시집은 언어 탐색에 집중한 일종의 고백록적인 성격 또한 강하게 띠고 있다. 스스로의 언어에 더 가까이 다가감으로써 시인은 언어의 핵심을 투시하는 안목과 필치를 보여준다. 이는 한국 시단의 돌올한 실례로서 손색이 없을 것이다. 그는 시원의 형상을 불러들여 자신만의 목소리를 들려주지만, 특유의 언어 인식이 그러한 태도를 받치고 있음을 우리는 어렵지 않게 알게 된다. 아닌 게 아니라 그가 수행하는 언어에 대한 성찰은 시적 상상력의 외연을 띠기도 하고 삶에 대한 견인(堅忍)의 자세로 나타나기도 한다. 이때 시인이 택하는 작법은 시(詩)의 은유로 나타나는데, 그 점에서 시는 시인이 암시해가는 생성적 세계 참여의 한 형식으로 등극한다고 할 수 있다. 또한 시인은 기억 속의 강렬한 빛으로 삶을 살아가는 존재자로서의 시인의 상(像)을 노래하는데, 삶 가운데 존재하는 보편적 형식들에 열려 있으면서도 인식론적 진경(進境)을 담으려는 그의 태도가 여기에 집약되어 있다 할 것이다.

시의 한계란 언어와 논리의 극한까지 밀고 들어 벙어리 소녀의 눈빛 깊이를 만나는 일이다. 그 깊이를 만나는 일은 캄캄한 침묵의 윤곽으로 나타나는 존재의 사건 지평선을 탐지하고 그 지평의 싱싱한 현전을 정면으로 넘어서는 일이다. 나를 사방에서 심문하는 존재의 심연에 빨려들어 느닷없이 생겨나는 소용돌이의 한 부분이 되는 일이다.

태풍의 눈을 닮은 이 신선한 소용돌이 중심에서는, 하향 수직 운동에 휩쓸려 논리가 탈구되고, 반전하고, 언어가 논리에서 떨어져, 가을 나무 잎사귀처럼 우주공간 수평면에 떠오르는 거대한 동심원 운동의 속도가 된다.

임의의 반경을 가진 그 소용돌이는 어지러움이 아닌 황홀이다. 시의 한계는 새로운 소용돌이 눈동자 깊이에 수직으로 침몰하는 황홀이다.
ㅡ「황홀한 소용돌이」 전문

시인이 인지하는 "시의 한계"는 "언어와 논리의 극한까지" 밀고 갔지만 결국 "벙어리 소녀의 눈빛 깊이"에 가닿을 뿐이라는 데 있다. 물론 이러한 시의 '한계'는 역설적으로 시의 '가능성'이기도 하다. 소녀의 눈빛 깊이야말로 "침묵의 윤곽으로 나타나는 존재의 사건"이기도 하고 "지평의 싱싱한 현전을 정면으로 넘어서는 일"이기도 하지 않은가. 존재의 심연에 빨려들어 "소용돌이의 한 부분이 되는 일"이 되지 않겠는가. 이 신선하기 그지없는 소용돌이의 중심에서는 언어가 논리에서 떨어지게 마련이다. 그래서 "시의 한계"는 "물을 찾아드는 빛과/ 그 그늘"(「물그늘」)처럼 오히려 "거대한 동심원 운동"이 되어준다. 그러니 그 황홀한 소용돌이는 곧 시로 몸을 바꾼다. 소용돌이 눈동자 깊이에 "수직으로 침몰하는 황홀"이 바로 시의 최대 가능성이 된 것이다. 이처럼 허만하는 "수면과 하늘빛이 하나가 된/ 이름 지을 수 없는 느낌"(「버지니아 울프의 우즈강 노트」)처럼 다가온 "언어 이전의 순결한 목소리"(「야성의 영광」)가 곧 시임을 시집 곳곳에 뿌려놓는다. 싱싱한 야생의 언어, 별빛처럼 빛나는 흔적의 언어, 고정된 실체가 아닌 오랜 흐름의 언어가 바로 그가 꿈꾸고 써가는 시인 셈이다.

한 그루 나무 실가지 흔들림 때문에 무성한 숲이 일렁이듯, 하늘 쳐다보는 아름다운 뺨의 비탈을 흘러내리는 한 방울 눈물의 반짝임에서, 영하의 겨울밤 가늘게 떠는 별빛이 태어난다.
—「별빛 탄생」 전문

이 아름다운 표제작을 읽어보라. "한 그루 나무 실가지 흔들림"은 비록 미동이지만 "무성한 숲이 일렁이듯" 하는 거대한 움직임의 발원이 되어준다. 마찬가지로 "뺨의 비탈을 흘러내리는 한 방울 눈물의 반짝임"은 "영하의 겨울밤 가늘게 떠는 별빛"의 탄생을 가능케 한다. 그 "별빛 탄생"의 비밀이야말로 시의 존재를 가장 아름다운 비유체로 건네주고 있다. 그렇게 시는 때로 "비어 있는 하늘에 눈송이처럼 몸을 던지는 저마다의 무게들"(「새 한 마리 눈발 속을」)로 다가오기도 하고 "세계와 나 자신과의 순수한 일대일 관계를 확인하는 고독의 극한"(「극한의 고독, 그리고 시가 태어나는 자리」)으로 다가오기도 한다. 모두 실존적 고통과 언어예술이 맺는 연관성을 보여주는 첨예한 순간을 암시한 허만하 버전의 시론이라 할 만하다.

 결국 허만하가 지향하는 우주적 연관성이나 근원적 가치들은, 이 신성 부재의 세계에서 시인이라는 존재를 오롯하게 만들어준다. 시인이란 기억의 뿌리를 찾아가는 고통스러운 여행자가 아닌가. 그 발걸음이 스스로의 신산한 삶을 향한 것이든, 일상적으로 마주치는 사물에서 유추되는 통증에 관련된 것이든, '시인'의 기억은 한결같이 오랜 시간이 가졌을 법한 세세한 결들을 재현하고 그 안으로 몰입해가는 데 기여할 뿐이다. 허만하는 세세하고 광활한 기억의 원리에 의해 자기동일성을 탐구하고 재구성하는 과정에서 스스로를 완성해가고 있는데, 여기서 말하는 기억은 과거를 지향하고 거기에 가치를 부여하는 행위를 뜻하는 것은 아니다. 오히려 그동안의 시간 경험을 원초적 형식으로 복원하면서도 현재의 삶과 연루하고 매개하는 적극적 행위 가운데 하나일 것이다. 이러한 기억의 원리를 따라 세계의 소란과 산만과 불안을 넘어 심층적 세계의 고요와 집중과 평화를 택한 허만하의 시는, 끝없이 '너머'를 상상하며 무수한 경계를 지워가는 무변(無邊)의 상상력 속으로 우리를 초대

한다. 생성적 세계 참여의 형식으로서 시의 존재론이 거기에 숨쉬고 있는 것이다.

6. 온 마음으로 축조해낸 우주적 도록

결국 이번 시집은 허만하 시인이 온 마음으로 축조해낸 우주적 도록(圖錄)으로 남을 것이다. 또한 생성과 소멸, 시간과 공간, 기원과 궁극의 이중주를 다양하게 펼쳐낸 언어적 연금술의 성과로 남을 것이다. 그의 시는 사물의 표면을 인상적으로 포착하고 개괄하는 서경적 필치나, 서정적 주체의 고백적 표현을 위주로 하는 경향을 훌쩍 벗어나 있다. 마찬가지로 속악한 현실을 반영하고 비판하는 리얼리즘의 기율로부터도 현저하게 비껴나 있다. 그렇다고 그가 심미적 완결성에만 공을 들이는 것도 아니다. 그의 시는 이러한 지향들이 빠뜨린 독자적 권역에서 탄생한다. 우리가 이러한 그의 시를 읽고 그 안에서 어떤 거대한 형이상학적 울림을 경험하게 되는 것은 그가 현대시의 편향들을 넘어 더욱 큰 틀 안에서 자신만의 시를 썼기 때문일 테다. 해방 이후 한국 시단이 배출한 가장 개성적이고 독자적인 미학이라고 해도 틀리지 않을 것이다.

이처럼 우리의 영혼을 충일하게 하는 시집 『별빛 탄생』은 인간과 우주의 실존을 두루 탐색하는 성실한 과정을 담고 있다. 시원 탐색과 함께 자기 완성의 언어로 나아가는 과정을 동시에 보여준 예술적 사건인 셈이다. 이는 사랑과 성찰로 가득한 우리 시대의 기록으로서, 흩어져 있던 것들을 다시 모으기도 하고 존재와 부재의 경계나 사랑과 미움의 경계를 넘어 그것들이 새롭게 마주설 수 있도록 하는 역설적 힘으로 다가오기도 한다. 그렇게 허만하는 소멸이나 사라짐이 존재 단절을 가져온다고 해도 그것이 오히려 새로운 존재론을 구성하는 힘을 가진다는 엄연한 역설을 강조해 마지않는다. 한 걸음 더 나아가 '사라짐'이야말로 가장 장엄한 아름다움이며 헤어짐의 끝에서 꽃을 피우게끔 하는 힘이라는 깨달음을 건네고 있는 것이다.

 이제 우리는 이 정결하고 투명하기 그지없는 낱낱 시편들을 통해 너머를 상상하며 경계를 지워가는 근원적 상상력을 기억하게 될 것이다. 그리고 사물과 내면, 자연과 인간, 신성과 자유가 삶의 경계에서 새롭게 만나는 승화 과정을 경험하게 될 것이다. '풍경-시간-시'가 크나큰 우주론적, 존재론적 트라이앵글을 이룬 채 아득하고 융융한 무장무애의 세계를 선사하는 순간을 만날 것이다. 그렇게 이번 시집 『별빛 탄생』은 한국 시단의 한 미학적 거장이 우리에게 건네는 정성스러운 예술적 제안이자, 시를 통해 존재의 기원과 궁극에 가닿는 모습을 보여주는 실존적 고백으로 은은하게 다가올 것이다.

허만하 1957년 『문학예술』을 통해 등단했다. 시집으로 『해조』 『비는 수직으로 서서 죽는다』 『물은 목마름 쪽으로 흐른다』 『야생의 꽃』 『바다의 성분』 『시의 계절은 겨울이다』 『언어 이전의 별빛』, 일본어 시집 『동점역(銅店驛)』이 있다. 상화시인상, 박용래문학상, 한국시협상, 이산문학상, 청마문학상, 육사시문학상, 목월문학상, 대한민국예술원상 등을 수상했다.

문학동네시인선 239
별빛 탄생
ⓒ 허만하 2025

초판 인쇄 2025년 7월 18일
초판 발행 2025년 7월 25일

지은이 | 허만하
책임편집 | 김영수
편집 | 최예림
디자인 | 수류산방(樹流山房)
본문 디자인 | 이원경
저작권 | 박지영 형소진 오서영 조경은
마케팅 | 정민호 서지화 한민아 이민경 왕지경 정유진 정경주 김수인 김혜원
　　　　김예진 나현후 이서진
브랜딩 | 함유지 박민재 이송이 박다솔 조다현 김하연 이준희
제작 | 강신은 김동욱 이순호
제작처 | 영신사

펴낸곳 | (주)문학동네
펴낸이 | 김소영
출판등록 | 1993년 10월 22일 제2003-000045호
주소 | 10881 경기도 파주시 회동길 210
전자우편 | editor@munhak.com
대표전화 | 031) 955-8888 팩스 | 031) 955-8855
문학동네카페 | http://cafe.naver.com/mhdn
인스타그램 | @munhakdongne 트위터 | @munhakdongne
북클럽문학동네 | http://bookclubmunhak.com

ISBN 979-11-416-0241-3 03810

* 이 책의 판권은 지은이와 문학동네에 있습니다. 이 책 내용의 전부 또는 일부를 재사용
하려면 반드시 양측의 서면 동의를 받아야 합니다.

잘못된 책은 구입하신 서점에서 교환해드립니다.
기타 교환 문의: 031) 955-2661, 3580

www.munhak.com

문학동네